Den Link zu den kostenlosen Malvorlagen findest du auf der letzten Seite...

Hier kannst du deine Farben testen!

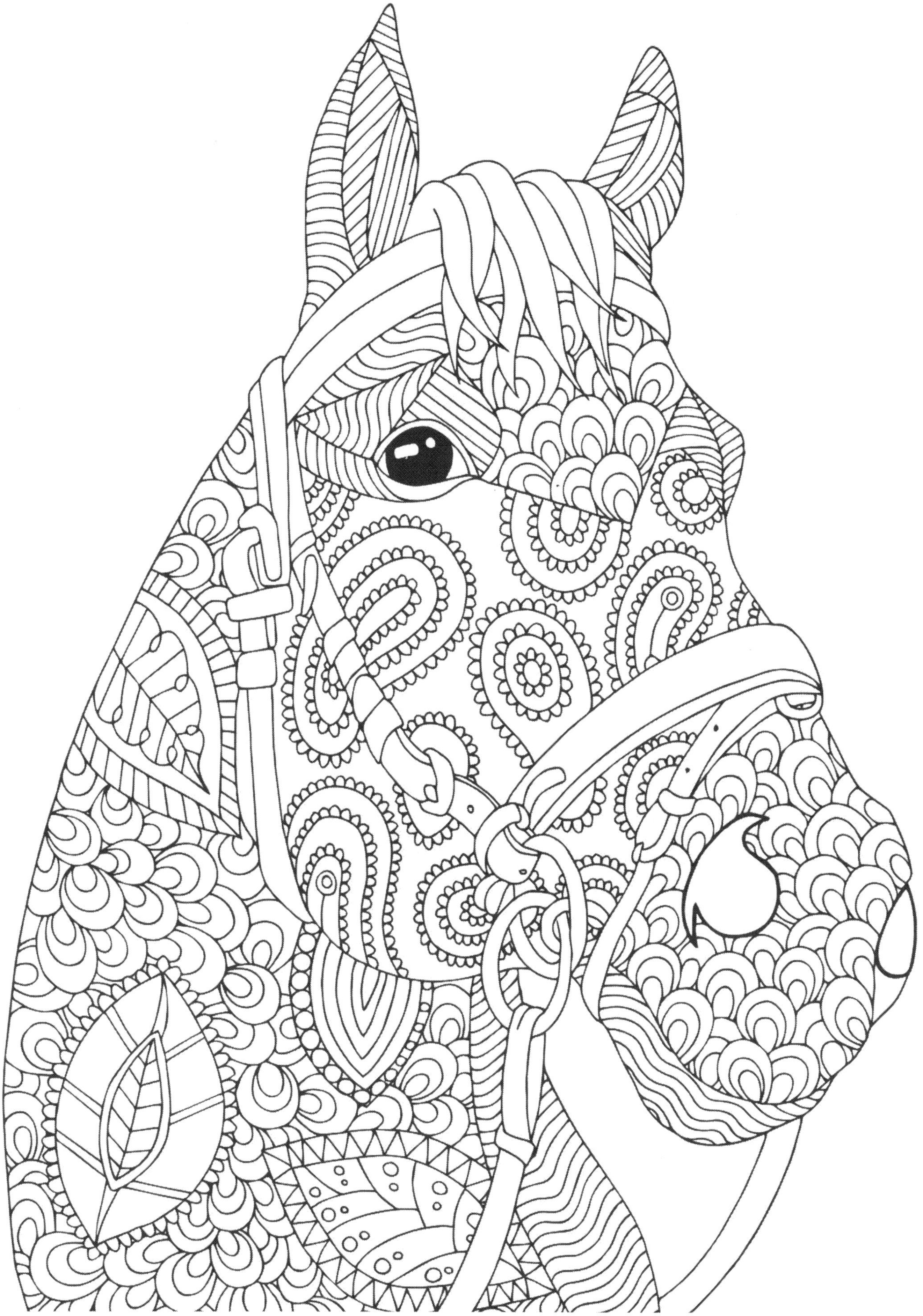

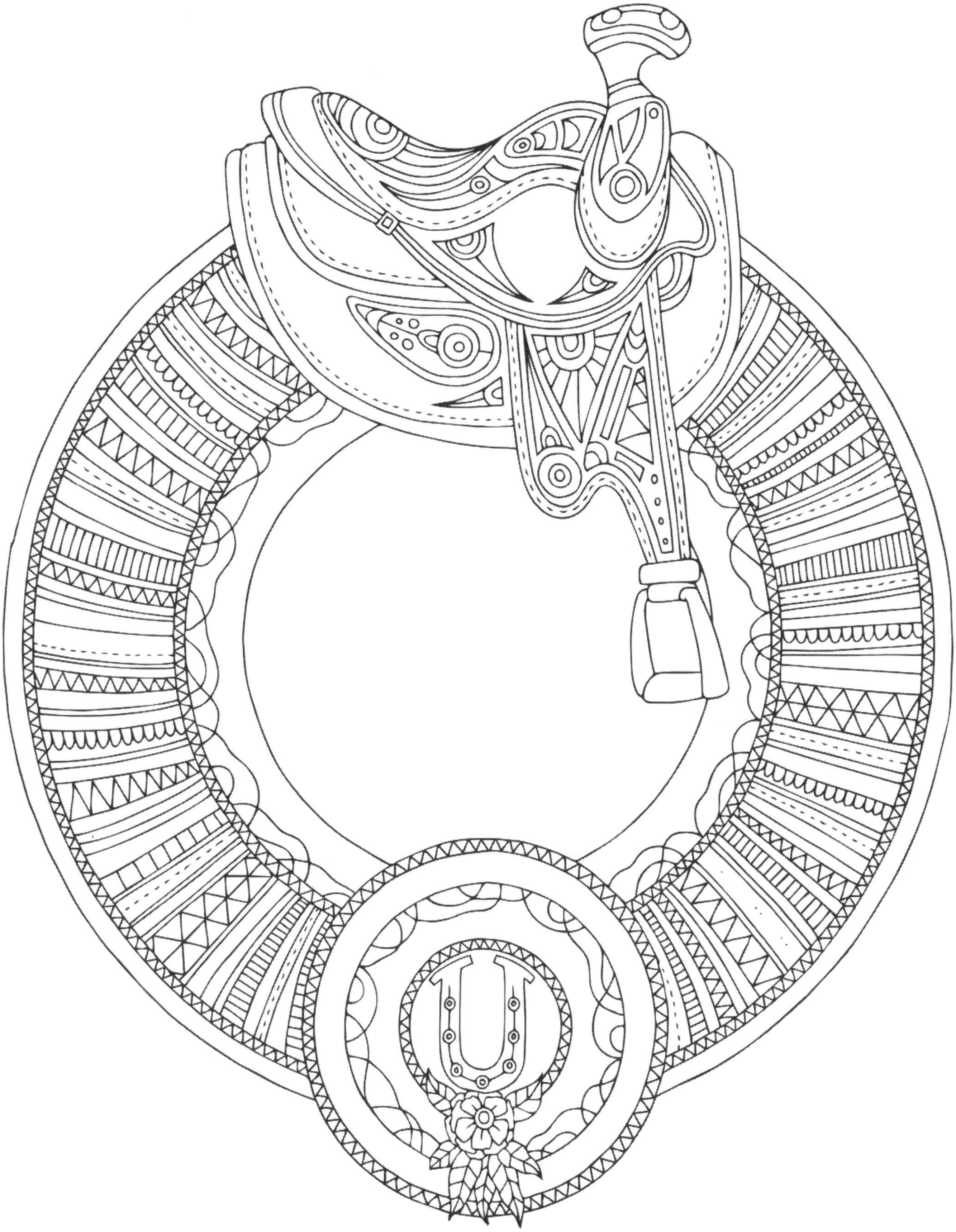
U

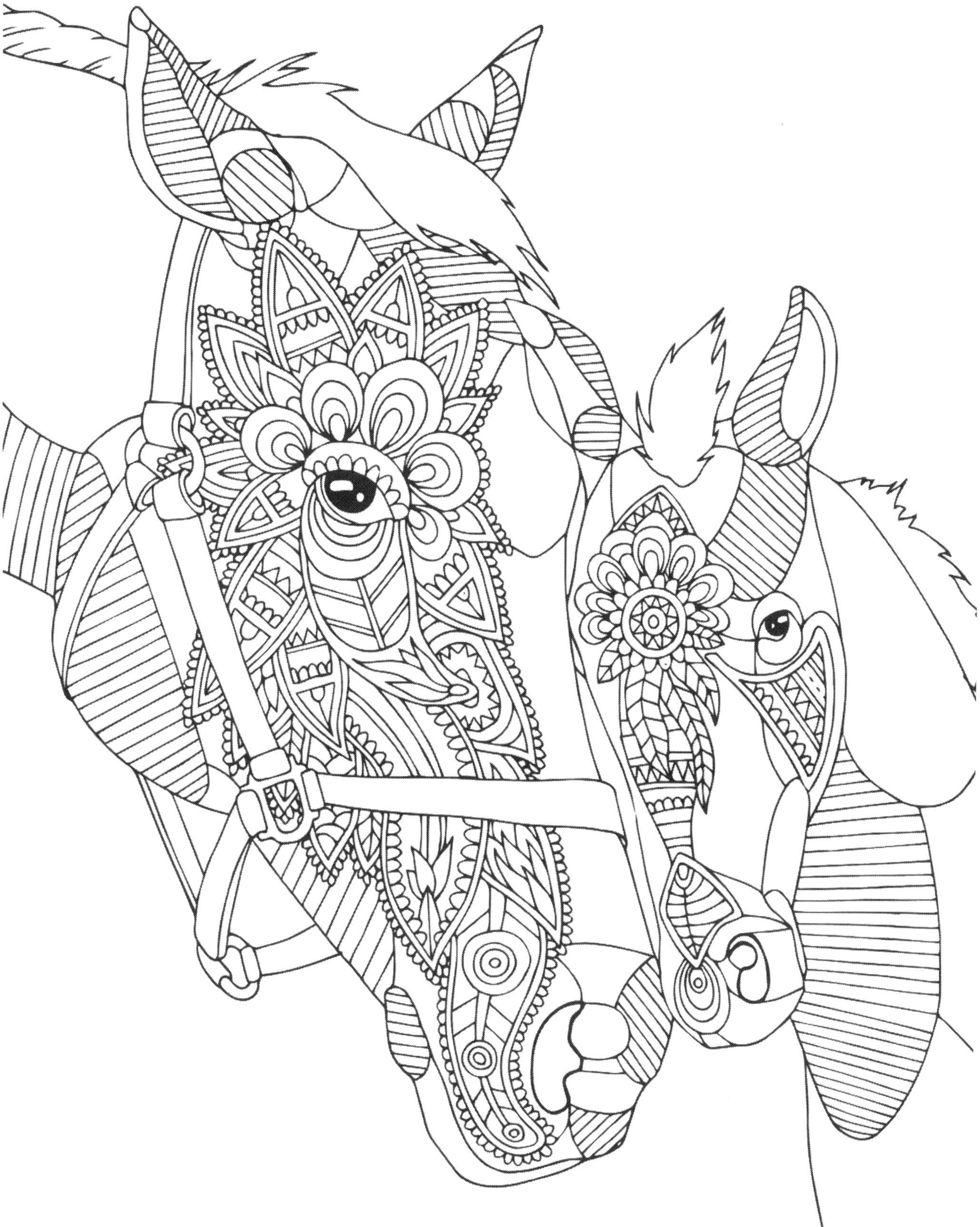

Wenn dir unser Malbuch gefallen hat, würden wir uns sehr über eine Bewertung freuen!

Bonus nicht vergessen!

Vielen Dank für dein Interesse an unserem Malbuch! Wir haben über 60 kostenlose Malvorlagen für dich.

Diese findest du auf unseren Webseiten:

https://topo-malbuecher.de

&

https://malbuch-fuer-erwachsene.org

Topo Malbücher

Für Fragen und Anregungen:
info@topo-malbuecher.de

Verlag: tredition GmbH, Hamburg

ISBN: 978-3-7482-1826-5 (Paperback)

Bibliografische Informationen der Deutschen Nationalbibliothek:
Die Deutsche Nationalbibliothek verzeichnet diese Publikation in der Deutschen Nationalbibliografie; detaillierte bibliografische Daten sind im Internet über http://dnb.d-nb.de abrufbar.

FSC
www.fsc.org
MIX
Papier | Fördert
gute Waldnutzung
FSC® C083411

Zeitfracht Medien GmbH
Ferdinand-Jühlke-Straße 7
99095 Erfurt, Deutschland
produktsicherheit@kolibri360.de